Vorwort

Draußen wird es wieder kälter, die Nächte werden länger. Weihnachten steht vor der Tür. Alles duftet nach Plätzchen und Kuchen. Besonders einfach und schnell gelingen meine Rezepte mit dem Thermomix. Sie finden darin auch ganz neue und einzigartige Kreationen. Ich wünsche Ihnen viel Spaß beim Nachzaubern.

Inhaltsangabe

Apfel Spekulatius Marmelade
Pflaumen Lebkuchen Marmelade
Apfel Zimt Ingwer Marmelade
Brombeeren Rum Marmelade
Datteln Schokolade Marmelade
Weihnachts Creme Cappucino
Gewürz Likör
Marzipan Likör
Weihnachts Apfelmus

Spritzgebäck mit Marzipan

Zutaten
250 g Butter
100 g Zucker
250 g Marzipanrohmasse
1 Ei
120 g Speisestärke
280 g Mehl
1 Teelöffel Backpulver
1 EL Zitronensaft
1 Prise Zimt

Zubereitung

Alle Teigzutaten in den Mixtopf geben. Auf Stufe 5/ 30 Sekunden mixen, danach auf Teigstufe 2 Minuten kneten. In eine Gebäckpresse füllen und ein mit Backpapier ausgelegtes Blech geben. Bei 180 Grad ca. 18 Minuten backen.

Dänische Gewürzkekse

Zutaten
250 g Butter
200 g Zucker
125 g Zuckerrüben Sirup
80 g gehackte Mandeln
80 g gehacktes Zitronat
1/2 TL gemahlene Gewürznelken
2 TL gemahlener Zimt
1/2 TL. Ingwerpulver
7 g Pottasche

1 Pck. Vanillezucker
500g Mehl

Zubereitung
Alle Teigzutaten in den Mixtopf geben. Auf Stufe 5/ 30
Sekunden mixen, danach auf Teigstufe 2 Minuten kneten.
1 Stunde in den Kühlschrank stellen. Auf eine mit Mehl
bestäubten Fläche ausrollen und Plätzchen ausstechen.
Auf ein mit Backpapier ausgelegtes Blech geben. Bei 180
Grad ca. 18 Minuten backen. Nach Belieben mit
Puderzucker einstäuben.

Walnusskipferl

Zutaten
100 g Walnüsse, gemahlen
50 g Mandeln, gemahlen
275 g Mehl
150 g Zucker
2 Pck. Vanillezucker
1 Prise Salz
1 Ei
220 g Butter
1 Prise Zimt

Zubereitung
Alle Teigzutaten in den Mixtopf geben. Auf Stufe 5/ 30
Sekunden mixen, danach auf Teigstufe 2 Minuten kneten.
Auf einer mit Mehl bestreuten Fläche geben und zu
Rollen formen. 1 Stunde in den Kühlschrank stellen. Von
den Rollen ca. 1 cm dicke Scheiben abschneiden und zu
Kipferl formen. Auf ein mit Backpapier ausgelegtes
Blech geben. Bei 180 Grad ca. 20 Minuten backen. In
eine Dose geben und eventuell mit Zucker bestäuben.

Vanille Kipferl

Zutaten
200 g Mehl
80 g Zucker
175 g Butter, weich
2 Eigelbe
100 g Mandeln, gemahlen
Mark einer Vanilleschote
1 Prise Salz
Puderzucker zum Wälzen

Zubereitung

Alle Teigzutaten in den Mixtopf geben. Auf Stufe 5/ 30 Sekunden mixen, danach auf Teigstufe 2 Minuten kneten. Auf einer mit Mehl bestreuten Fläche geben und zu Rollen formen. 1 Stunde in den Kühlschrank stellen. Von den Rollen ca. 1 cm dicke Scheiben abschneiden und zu Kipferl formen. Auf ein mit Backpapier ausgelegtes Blech geben. Bei 180 Grad ca. 20 Minuten backen. In eine Dose geben und eventuell in Puderzucker wälzen.

Schneeflöckchen

Zutaten
250 g Butter
100 g Puderzucker
1 Prise Salz
1 Pck. Vanillezucker
200 g Stärkemehl
140 g Mehl

Zubereitung
Alle Teigzutaten in den Mixtopf geben. Auf Stufe 5/ 30 Sekunden mixen, danach auf Teigstufe 2 Minuten kneten. Zu ca. 2 cm dicke Rollen formen und eine Stunde in den Kühlschrank stellen. Anschließend in gleichmäßige Scheiben schneiden und mit bemehlter Gabel breitdrücken.
Bei 180 Grad ca. 18 Minuten backen.

Zimtbällchen

Zutaten
100 g Butter
150 g Mehl
1 TL Zimt, gemahlen
100 g Zucker
1 Eigelb
1 Prise Salz

Zubereitung
Alle Teigzutaten in den Mixtopf geben. Auf Stufe 5/ 30
Sekunden mixen, danach auf Teigstufe 2 Minuten kneten.
1 Stunde in den Kühlschrank stellen. Auf eine mit Mehl
bestäubten Fläche und zu kleinen Bällchen formen.
Auf ein mit Backpapier ausgelegtes Blech geben. Bei 180
Grad ca. 18 bis 20 Minuten backen. Nach Belieben
verzieren oder in Zucker wälzen.

Marzipan Kokosmakronen

Zutaten
180 g Kokosraspeln
5 Eiweiße
250 g Puderzucker
400 g Marzipanrohmasse
2 Essl. Rum
180 g Zucker
1 Prise Zimt

Zubereitung
Alle Teigzutaten in den Mixtopf geben. Auf Stufe 5/ 30
Sekunden mixen, danach auf Teigstufe 2 Minuten kneten.
1 Stunde in den Kühlschrank stellen. Mit zwei Löffeln
kleine Häufchen abstechen und auf ein mit Backpapier
ausgelegtes Blech geben. Bei 180 Grad ca. 18 Minuten
backen.

Zimt Haferkekse

Zutaten
80 g Haselnüsse, gemahlen
80 g Zucker
50 g Honig
1 TL Zimt
120 g Butter, weich
120 g Haferflocken
120 g Weizenmehl
1 TL Backpulver
1 Prise Salz

Zubereitung
Alle Teigzutaten in den Mixtopf geben. Auf Stufe 5/ 30 Sekunden mixen, danach auf Teigstufe 2 Minuten kneten. 1 Stunde in den Kühlschrank stellen. Mit zwei Löffeln kleine Häufchen abstechen und auf ein mit Backpapier ausgelegtes Blech geben. Bei 180 Grad ca. 20 Minuten backen.

Muskatplätzchen

Zutaten
150 g Butter, weich
125 g Zucker
1 Ei
abgeriebene Schale einer
halben Bio Zitrone
1 gute Prise Muskatnuss, gemahlen
1 Prise Zimt
1 Prise Gewürznelken
150 g Mehl
125g gemahlene Haselnüsse
125g Semmelbrösel

Zubereitung
Alle Teigzutaten in den Mixtopf geben. Auf Stufe 5/ 30
Sekunden mixen, danach auf Teigstufe 2 Minuten kneten.
1 Stunde in den Kühlschrank stellen. Auf eine mit Mehl
bestäubten Fläche ausrollen und Plätzchen ausstechen.
Auf ein mit Backpapier ausgelegtes Blech geben. Bei 180
Grad ca. 18 Minuten backen.

Butterplätzchen

Zutaten
200 g weiche Butter
1 Pck. Vanillezucker
150 g Zucker
330 g Mehl
100 g Speisestärke
1 Ei
1 EL Zitronensaft

Verzierung
Nach Belieben, zum Beispiel Glasur,
Zuckerartikel, Schokoladenartikel

Zubereitung
Alle Teigzutaten in den Mixtopf geben. Auf Stufe 5/ 30
Sekunden mixen, danach auf Teigstufe 2 Minuten kneten.
1 Stunde in den Kühlschrank stellen. Auf eine mit Mehl
bestäubten Fläche ausrollen und Plätzchen ausstechen.
Auf ein mit Backpapier ausgelegtes Blech geben. Bei 180
Grad ca. 18 Minuten backen. Nach Belieben verzieren.

Lebkuchen Mandeln

Zutaten
150 g Wasser
250 g brauner Zucker
1 Pck. Vanillezucker
1 TL Zimt
1 TL Lebkuchengewürz
400 g Mandeln

Zubereitung

Wasser, Zucker, Vanillezucker, Zimt und Lebkuchengewürz in den Mixtopf geben. Bei 120 Grad/ 2 Minuten/ Stufe 1 auflösen. Nun die Mandeln hinzugeben und 20 Minuten/ Stufe 1/ 100 Grad aufkochen. Den Backofen auf 180 Grad vorheizen und ein Backblech mit Backpapier belegen. Die Masse auf das Backblech geben und alles bei 180 Grad ca. 13 – 15 Minuten backen. Auf jeden Fall die Mandeln unter Beobachtung halten, da die Röstzeit von Ofen zu Ofen schwanken kann. Guten Appetit.

Zimt Macarons

Zutaten
Macaronschalenteig
125 g gemahlene weiße Mandeln
150 g Puderzucker
100 g Zucker, fein
4 Eiweiße
1/2 TL Zimt

Füllung
100 g gehackte weiße Schokolade
50 g Sahne
50 g gehackte Haselnüsse
½ TL Zimt

Zubereitung
Wir beginnen mit den Macaronschalen.
Mandeln und Puderzucker in den Mixtopf geben und
nochmals auf Stufe 10/ 15 Sekunden mahlen. In eine
Schüssel umfüllen.
Den Topf reinigen. Den Schmetterling einsetzen und das
Eiweiß einfüllen. Auf Stufe 4/ ca. 2 Minuten steif
schlagen. Den Schmetterling entfernen. Nun die übrigen
Teigzutaten hinzugeben. Wer mag, kann noch ein paar
Tropfen Lebensmittelfarbe hinzugeben. Auf Stufe 2/ 15
Sekunden rühren. Die Masse in einem Spritzbeutel
umfüllen. Ein Backblech mit Backpapier belegen. Die
Masse portionsweise mit dem Spritzbeutel auf das Blech
setzen. Die Masse bei 150 Grad Umluft ca. 15 Minuten
backen. Die Schalen abkühlen lassen.

Heidelbeere Macarons

Zutaten
Macaronschalenteig
125 g gemahlene weiße Mandeln
150 g Puderzucker
100 g Zucker, fein
4 Eiweiße

Füllung
250 g Butter
Mark einer Vanilleschote
140 g Puderzucker
50 g Heidelbeermarmelade
1 Prise Zimt
160 g Mandeln gemahlen

Zubereitung
Wir beginnen mit den Macaronschalen.
Mandeln und Puderzucker in den Mixtopf geben und
nochmals auf Stufe 10/ 15 Sekunden mahlen. In eine
Schüssel umfüllen.
Den Topf reinigen. Den Schmetterling einsetzen und das
Eiweiß einfüllen. Auf Stufe 4/ ca. 2 Minuten steif
schlagen. Den Schmetterling entfernen. Nun die übrigen
Teigzutaten hinzugeben. Wer mag, kann noch ein paar
Tropfen

Lebensmittelfarbe hinzugeben. Auf Stufe 2/ 15 Sekunden
rühren. Die Masse in einem Spritzbeutel umfüllen. Ein

Backblech mit Backpapier belegen. Die Masse
portionsweise mit dem Spritzbeutel auf das Blech setzen.
Die Masse bei 150 Grad Umluft ca. 15 Minuten backen.
Die Schalen abkühlen lassen.
Füllung
Alle Zutaten für die Füllung in den sauberen Mixtopf
geben. Auf Stufe 5/ 30 Sekunden schlagen. Man braucht
eine Macaronschale als Oberteil und eine als Unterteil.
Die Schalen mit der Masse füllen und kaltstellen.

Knusprige Kaffee Plätzchen

Zutaten
280 g Butter, weich
180 g Zucker
400 g Mehl
1 Pck. Vanillezucker
2 EL Instant Kaffee

Zubereitung
Alle Zutaten in den Mixtopf einwiegen und auf Stufe 5/ 30 Sekunden mixen. Danach auf Brotstufe/ 2 Minuten kneten. Ein Backpapier auf ein Backblech legen. Den Teig auf eine mit Mehl eingestäubte Fläche geben und ausrollen. Plätzchen ausstechen und auf das Backpapier geben. Im auf 180 Grad Vorgeheizten Backofen ca. 12 bis 15 Minuten backen. Nach Belieben verzieren.

Haferflocken Nuss Plätzchen

Zutaten
100 g Mandeln gemahlen
120 g Zucker
1 Ei
80 g Mehl
125 g Butter
90 g Haferflocken zart
1 TL Backpulver
1 Prise Zimt
1 Prise Muskat

Zubereitung
Alle Zutaten in den Mixtopf einwiegen. Auf Stufe 7 / 30
Sekunden zerkleinern. Nun auf Teigstufe 2 Minuten
kneten. Ein Backblech mit Backpapier auskleiden und
mit dem Löffel kleine Teighäufchen darauf geben. Etwas
Platz lassen, da sie noch auseinander laufen. Bei 200
Grad ca. 15 bis 18 Minuten backen.

Spekulatius

Zubereitung
250 g Mehl
1/2 TL Backpulver
50 g Mandeln gemahlen
100 g Butter, weich
100 g Zucker
1 EL Vanillezucker
1 EL Spekulatiusgewürz
1 Prise Zimt
1 Prise Salz
1 Ei

Zubereitung
Alle Zutaten in den Mixtopf geben und auf Stufe 5/ 1
Minute mischen. Teig etwas nach unten schieben und
nochmals 30 Sekunden/ Stufe 5 mischen. Auf eine mit
Mehl ausgestreute Fläche ausrollen. Entweder mit dem
Spekulatiusholz Plätzchen austollen, oder die ausgerollte
Fläche in kleine Rechtecke schneiden. Ein Backblech mit
Backpapier auslegen. Die Plätzchen darauf geben. Ca. 20
Minuten bei 180 Grad goldgelb backen.

Gewürzschnitten

Zutaten
100 g Haselnüsse
50 g Walnüsse gehackt
50 g Mandeln gehackt
250 g Butter, weich
300 g Zucker
1 Pck. Vanillezucker
250 g Mehl
4 Eier
1 Pck. Puddingpulver Schokolade
1 Pck. Backpulver
1 EL Lebkuchengewürz
120 g Sahne
2 EL Kakaopulver
2 EL Rum

Belag
Zartbitter Kuvertüre

Zubereitung
Alle Zutaten für den Teig in den Mixtopf einwiegen. Auf
Stufe 5/ 1 Minute vermischen. Ein Backblech mit
Backpapier belegen und den Teig darauf schütten. Bei
200 Grad ca. 20 bis 25 Minuten backen. Die Kuvertüre
nach Anweisung schmelzen und den Kuchen damit
bestreichen.

Eierlikör Kuchen

Zutaten
120 g Mehl
140 g Speisestärke
1 Pck. Backpulver
5 Eier
250 g Zucker
1 Pck. Vanillezucker
300 g Eierlikör
250 g Speiseöl
1 Prise Zimt

Zubereitung
Alle Zutaten in den Mixtopf einwiegen und auf Stufe 5/ 1 Minute mixen. Eine Kuchenform ausfetten und den Teig hinein geben. Ca. 1 Stunde bei 180 Grad backen.

Haselnuss Zimt Kuchen

Zutaten
Teig
250 g Sahne
180 g Zucker
250 g Mehl
1 Backpulver
Saft einer Zitrone
4 Eier
1 Prise Salz
1 Vanillezucker
1 TL Zimt

Belag
150 g weiche Butter
180 g Zucker
1 Vanillezucker
100 g Haselnuss geraspelt
½ TL Zimt

Zubereitung
Alle Zutaten in den Mixtopf geben und 2 Minuten auf
Teigstufe glatt rühren. Den Teig auf ein mit Backpapier
ausgelegtes Bleck schütten und ca. 15 Minuten auf Ober-
und Unterhitze bei 180 Grad backen.
Nun die Zutaten für den Belag in den ausgespülten
Mixtopf geben. Auf Stufe 3 / 45 Sekunden verrühren.
Auf den Kuchen geben und nochmals 10 Minuten backen.

Apfel Zimt Muffins

Zutaten
250 g Äpfel in Stücken
2 Eier
130 g Zucker
80 g Öl
180 g Apfelsaft
300 g Mehl
1 Pck. Backpulver
150 g Mandeln, gemahlen
1 TL Zimt

Zubereitung

Alle Zutaten in den Mixtopf einwiegen und auf Stufe 5/ 1 Minute mixen. Ein Muffinblech mit Muffin Förmchen auskleiden und die Mulden zu zwei Dritteln mit dem Teig füllen. Bei 10 Grad 20 bis 25 Minuten backen.

Apfel Marzipan Muffins

Zutaten
250 g Äpfel in Stücken
80 g Marzipanrohmasse
1 Fläschchen Bittermandelöl
2 Eier
130 g Zucker
80 g Öl
180 g Apfelsaft
300 g Mehl
1 Pck. Backpulver
150 g Mandeln, gemahlen

Zubereitung
Alle Zutaten in den Mixtopf einwiegen und auf Stufe 5/ 1
Minute mixen. Ein Muffinblech mit Muffin Förmchen
auskleiden und die Mulden zu zwei Dritteln mit dem
Teig füllen. Bei 180 Grad 20 bis 25 Minuten backen.

Apfel Nuss Brot

Zutaten
600 g Äpfel, geviertelt
100 g Orangensaft
100 g Butter
3 Eier
1 Pck. Vanillezucker
100 g Zucker
500 g Weizenmehl
1 Pck. Backpulver
100 g Schokolade, gehackt
1 TL Zimt
200 g Haselnüsse

Zubereitung
Die Äpfel in den Mixtopf geben und auf Stufe 5/ 30
Sekunden zerkleinern. Nun die übrigen Zutaten
einwiegen Auf Stufe 5/ 1 Minute mischen. Eine
Kastenform einfetten, oder mit Backpapier auskleiden.
Den Teig hinein geben. Bei 200 Grad ca. 1 Stunde
backen.

Zimt Curd

Zutaten
4 Eier
120 g Butter
400 g Zucker
140 g Kondensmilch
1 gehäufter TL Zimt

Zutaten
Alle Zutaten in den Mixtopf geben und ca. 20 Minuten /
90 Grad / Stufe 2 eindicken lassen. Die Masse umfüllen
und im Kühlschrank aufbewahren.

Erdbeere Eierlikör Marmelade

Zutaten
700 g Erdbeeren
70 g Eierlikör
250 g Gelierzucker 3:1
Mark einer Vanilleschote

Zubereitung
Das Obst in den Mixtopf geben und 30 Sekunden / Stufe
4 zerkleinern. Nun die übrigen Zutaten einfügen.
Nochmals kurz für 15 Sekunden auf Stufe 5 gut
vermischen. Auf Stufe 1 / 100 Grad / 18 Minuten kochen.
Die Marmelade kann abgefüllt werden.

Bananen Zimt Marmelade

Zutaten
750 g Bananen, geschält
1 TL Zimt
250 g Gelierzucker 3:1
Mark einer Vanilleschote

Zubereitung
Das Obst in den Mixtopf geben und 30 Sekunden / Stufe
4 zerkleinern. Nun die übrigen Zutaten einfügen.
Nochmals kurz für 15 Sekunden auf Stufe 5 gut
vermischen. Auf Stufe 1 / 100 Grad / 18 Minuten kochen.
Die Marmelade kann abgefüllt werden

Maronen Pflaumen Marmelade

Zutaten
350 g Maronen, gekocht
350 g Pflaumen
250 g Gelierzucker 3:1
½ TL Zimt

Zubereitung

Das Obst in den Mixtopf geben und 30 Sekunden / Stufe 4 zerkleinern. Nun die übrigen Zutaten einfügen. Nochmals kurz für 15 Sekunden auf Stufe 5 gut vermischen. Auf Stufe 1 / 100 Grad / 18 Minuten kochen. Die Marmelade kann abgefüllt werden.

Apfel Spekulatius Marmelade

Zutaten
750 g Äpfel, geschält und entkernt
1 TL Spekulatius Gewürz
250 g Gelierzucker 3:1
Mark einer Vanilleschote

Zubereitung
Das Obst in den Mixtopf geben und 30 Sekunden / Stufe
4 zerkleinern. Nun die übrigen Zutaten einfügen.
Nochmals kurz für 15 Sekunden auf Stufe 5 gut
vermischen. Auf Stufe 1 / 100 Grad / 18 Minuten kochen.
Die Marmelade kann abgefüllt werden.

Pflaumen Lebkuchen Marmelade

Zutaten
750 g Pflaumen, entsteint
1 TL Lebkuchen Gewürz
40 g Kakao
250 g Gelierzucker 3:1

Zubereitung

Das Obst in den Mixtopf geben und 30 Sekunden / Stufe 4 zerkleinern. Nun die übrigen Zutaten einfügen. Nochmals kurz für 15 Sekunden auf Stufe 5 gut vermischen. Auf Stufe 1 / 100 Grad / 18 Minuten kochen. Die Marmelade kann abgefüllt werden.

Apfel Zimt Ingwer Marmelade

Zutaten
700 g Äpfel, entkernt und geschält
50 g Zitronensaft
250 g Gelierzucker 3:1
½ TL Zimt
½ TL Ingwer

Zubereitung
Das Obst in den Mixtopf geben und 30 Sekunden / Stufe
4 zerkleinern. Nun die übrigen Zutaten einfügen.
Nochmals kurz für 15 Sekunden auf Stufe 5 gut
vermischen. Auf Stufe 1 / 100 Grad / 18 Minuten kochen.
Die Marmelade kann abgefüllt werden.

Brombeeren Rum Marmelade

Zutaten
700 g Brombeeren
70 g Rum
250 g Gelierzucker 3:1
Mark einer Vanilleschote

Zubereitung
Das Obst in den Mixtopf geben und 30 Sekunden / Stufe
4 zerkleinern. Nun die übrigen Zutaten einfügen.
Nochmals kurz für 15 Sekunden auf Stufe 5 gut
vermischen. Auf Stufe 1 / 100 Grad / 18 Minuten kochen.
Die Marmelade kann abgefüllt werden.

Datteln Schokolade Marmelade

Zutaten
650 g Datteln
100 g Schokolade, gehackt
250 g Gelierzucker 3:1
Mark einer Vanilleschote

Zubereitung
Das Obst in den Mixtopf geben und 30 Sekunden / Stufe
4 zerkleinern. Nun die übrigen Zutaten einfügen.
Nochmals kurz für 15 Sekunden auf Stufe 5 gut
vermischen. Auf Stufe 1 / 100 Grad / 18 Minuten kochen.
Die Marmelade kann abgefüllt werden.

Weihnachts Creme Capuccino

Zutaten
400 g Zucker
1 Pck. Vanillezucker
2 EL Lebkuchengewürz
70 g Kakaopulver
80 g löslicher Kaffee
300 g Kaffeeweißer
1 Prise Zimt

Zubereitung
Alle Zutaten in den Mixtopf einwiegen und auf höchster
Stufe 30 Sekunden pulverisieren. Entweder in Zellophan
Beutel verpacken und verzieren, oder in Gläsern abfüllen.

Gewürz Likör

Zutaten
600 g Sahne
200 g Weinbrand
50 g Rum
2 TL Zimt
2 TL Lebkuchengewürz
2 TL Vanillezucker
50 g Vollmilch Schokolade
120 g Zucker
1 Ei

Zubereitung
Außer den Alkohol alle Zutaten in den Mixtopf geben.
Alles für 6 Minuten/ Stufe 2/ 90 Grad erhitzen. Jetzt den
Alkohol hinzugeben. Nochmals 5 Minuten/ Stufe 2/ 90
Grad. In eine Flasche umfüllen und im Kühlschrank
aufbewahren.

Marzipan Likör

Zutaten
150 g weiße Schokolade
120 g Zucker
1 Ei
500 g Sahne
300 g Amaretto
100 g Rum

Zubereitung
Die Schokolade in den Mixtopf geben und 10 Sekunden
auf Stufe 5 zerkleinern. Die übrigen Zutaten in den
Mixtopf geben. 11 Minuten/ Stufe1/ 90 Grad. In eine
Flasche umfüllen und im Kühlschrank aufbewahren.

Weihnachts Apfelmus

Zutaten
750 g Apfel, geviertelt
1 TL Zimt, gemahlen
1 TL Vanille-Zucker
100 g Marzipan Rohmasse
50 g Zitronensaft
80 g Zucker

Zubereitung
Alle Zutaten in den Mixtopf einwiegen und auf Stufe 5/
15 Sekunden zerkleinern. Auf Stufe 2/ 100 Grad/ 12
Minuten erhitzen. Guten Appetit!

Herstellung und Verlag:
BoD-Books on Demand, Norderstedt
ISBN: 978-3-7386-0599-0